LO QUE NOS DEJÓ EL 2020

ALMA GARCÍA

CONSEJOS DEL ALMA
DE ALMA GARCÍA

PRÓLOGO

El caos que creó el 2020 sigue latente en muchas personas, tanto que hasta la fecha sigue generando incertidumbre, angustia y depresión. Sin duda alguna, muchos han tomado ventaja de la situación y han hecho cambios positivos en cuanto a salud se refiere, en la manera que llevan ahora sus finanzas, sus relaciones y en general la percepción que tenían de la vida. Otros tantos, vieron su creatividad elevarse y crearon maneras distintas de mantener activo su negocio, en alguno que otro, se despertó su espíritu empresarial y han creado fuentes de ingresos, y más de uno hasta vio la oportunidad de cambiar de giro profesional.

Sin embargo para muchos esta pandemia sigue siendo generador de crisis en todos los sentidos, pues muchos perdieron su fuentes de ingresos, a muchos otros, su salud se vio deteriorada y hubo quienes han perdido a un ser querido; y si por alguna razón sigues confundido, cuestionándote, y no hallándole sentido y explicación a todo lo que ha acontecido en los últimos meses, quizá este libro pueda ser de gran ayuda para responder inquietudes y por qué no, darle un sentido objetivo a una situación que nunca ninguno de nosotros pensamos que algún día íbamos a vivir.

Este libro tiene una herramienta muy poderosa al darte la oportunidad de poner por escrito tus pensamientos y emociones, el cual es liberador. Alma García te lleva de la mano, a través de las diferentes situaciones, a ver de forma consciente los procesos a los que nos ha llevado vivir estos momentos tan particulares como lo ha sido el Covid-19.

Vivir todas y cada una de las etapas que la pandemia generó, te permitirá liberarte y así crecer fuerte y resciliente para cualquier situación que pudiera presentarse más adelante. Y Alma García lo logró de una manera muy sencilla. Solo espero que este libro logre tocar esa parte de ti que todavía siente dolor, angustia e incertidumbre y así puedas ver mas allá de lo que crees ha sido lo peor que has vivido y así convertirlo en que:

"TODO OBRA PARA BIEN Y PARA MI MEJOR PROVECHO".

ALMA GARCIA es locutora, conferencista y ahora escritora; y en los ultimos años he sido testigo de su transformación y crecimiento, es para mi un placer formar parte de esta nueva etapa en su vida y un honor el que me pidiera que escribiera el prólogo del primer libro de muchos.

Es un privilegio ser su hermana, te amo y deseo sabiduría, éxito, salud, amor y prosperidad en todo lo que emprendas, te lo mereces.

Lilly García-Ortiz
Coach de vida y
Sanadora del código de las emociones

Para nadie es un secreto que el año 2020 nos empujó a hacer cambios...
Y esto me brinda la oportunidad de compartir contigo los desafíos que he tenido y cómo los he superado. Por ello, me gustaría compartirlos

"LOS GRANDES CAMBIOS SIEMPRE VIENEN ACOMPAÑADOS DE UNA FUERTE SACUDIDA, PERO NO ES EL FIN DEL MUNDO, SINO EL INICIO DE ALGO NUEVO".

Llegó el gran día, el 15 de marzo del 2020… esa mañana me desperté con una felicidad porque tendría el primer evento de Cadena de milagros,(un programa especial que se transmite en la radio donde apoyamos a diferentes causas) donde regalaríamos 15 vestidos de quinceañeras para 15 niñas con una historia especial. Después de meses,

llegaba ese gran día! Para entonces, ya se escuchaba en las noticias y las redes sociales de un virus que presuntamente era peligroso, y como soy una persona muy optimista, me decía:

-Alma, solo pensamientos positivos, lo que pienses se manifestará... Así que desde que llegaron todos al evento esa mañana nos reunimos para anunciarles que por favor tuvieran pensamientos positivos, que no quería que habláramos del virus y que nos cuidáramos mucho lavándonos las manos a cada rato y así fue como terminamos el anuncio con un fuerte aplauso y sonriendo por lo que nos esperaba ese día. Sin duda, era un día especial y único, pero para ese entonces en California donde radico, ya había una orden de que no deberíamos de tener eventos de más de 250 personas.

Esa orden me hizo pensar que el evento estaría dentro del límite y que estaríamos bien. El día transcurrió con muchos nerviosismo, pero de aquellos que te ponen feliz. Ver tantas niñas felices siendo peinadas y maquilladas por expertas y pensar que por lo menos en ese momento no pensaban en sus limitaciones de salud o problemas familiares, me hacía sonreír enormemente. El lugar del evento estaba al tope con familiares y amigos, lleno de sonrisas y buena vibra. Ese día transcurrió

ALMA GARCÍA

mejor de lo planeado, estaba rodeada de gente a la que quiero mucho y que me apoyó con este evento hasta el final. Al terminar el evento alrededor de las 3 de la tarde, no había en mi corazón más que agradecimiento con la vida, con Dios y el universo por haber conspirado para que todo saliera perfecto.

En todo el camino a casa iba platicando con mi marido de lo bien que estuvo el evento, de lo lindas que se veían las niñas y sus familiares quienes estaban muy agradecidos. En fin, no podía dejar de hablar(como siempre, diría mi esposo) hasta llegar a casa. Estaba súper cansada y decidí tomarme una siesta (como siempre jejeje) y cuando me desperté abrí mis redes sociales y vi cómo en cuestión de horas mi cambio de humor fue de felicidad a… ¿Y ahora qué esta pasando? Incluso sentí un poco de miedo y angustia al ver que ya no podía haber gente reunida a menos que fueran 10 personas o menos… Lo primero que pensé fue, -guau, ¿así o más bendecida? Pude llevar acabo el evento... siempre pensando lo positivo ante cualquier circunstancia , pero mi segundo pensamiento fue de, umta... ¿y ahora qué más viene? Aún no me caía el veinte de lo que se nos avecinaba. Las noticias aún no hablaban de la gravedad del virus, sin embargo ya se veía el pánico en las redes sociales, primero viendo a gente comprar víveres de más, peleando por abastecerse con lo básico. Siendo honestos, peleando por el "papel higiénico" ... que a mi me parecía un tanto ridículo, hasta que en mi casa llegó a faltar papel higiénico...

En fin, regresando a ese momento de pánico y egoísmo, fue el inicio de mi reflexión. Estaba muy preocupada y asombrada de ver a la gente sin una gota de compasión y empatía, llegué a pensar que estábamos viviendo un momento de "supervivencia del más fuerte" o en este caso del que se abastecía (de más) de todo lo esencial ... Se olvidaron que en este mundo no estamos solos y que todos necesitábamos de esos productos. Las tiendas de plano tenían letreros en las entradas donde decían que ya no tenían esos productos, y no puedo olvidar cómo en las redes sociales todo el mundo hacía memes y hablando de la manera tan exagerada entre los Estados Unidos y México sobre la compra de papel higiénico. De esa manera pasamos del pánico de abastecimiento al miedo y la incertidumbre de lo que nos esperaría en el futuro... veía diferentes publicaciones desde las positivas, que hablaban de "todo estará bien" hasta las más negativas que hablaba "del fin del mundo",

ALMA GARCÍA

hasta las más increíbles que decían que todo era un plan del gobierno "para despoblar el planeta". Habían quienes decían que "el virus no existe"... nunca me incliné hacia una "verdad" siempre en cualquier circunstancia daba el beneficio de la duda... Sin embargo mi cerebro trabajaba al mil pensando que: independientemente la vida seguía y que tenía que decidir cómo la iba a vivir, y dije sacaría lo mejor de esta situación e implementarlo en todos los aspectos de mi vida y en cada uno encontraré una lección y un aprendizaje que cambiará y transformará mi vida, la de mi familia y de los que me rodean.

NO HAY UNA VERDAD ABSOLUTA...
TODOS VIVIMOS UNA REALIDAD Y
ESA ES NUESTRA VERDAD.

ALMA GARCÍA

No tengas MIEDO de los **nuevos comienzos** DE LAS NUEVAS PERSONAS, de las nuevas energias, DE LOS NUEVOS ENTORNOS. *abraza las nuevas oportunidades*

Emociones...

EL MIEDO... entraba por todos lados, en la televisión parecía una competencia, a ver quién daba la nota más amarillista. De echo, me pareció demasiado cuando una cadena de televisión tenía un espacio dedicado con el nombre del virus, y no se diga en las redes sociales. Veíamos noticias que no eran verídicas solo porque existe un botón de "compartir" hacía que el compartir fuera más fácil sin ni siquiera corroborar las noticias. Muchas personas estaban realmente asustadas, y uno podía percibirlo en la forma en que colocaban sus comentarios. Muchas veces tuve que decirlo en la radio -no compartas información que no venga de una fuente seria porque podemos ser causantes de la ansiedad de mucha gente. De echo, hacía un llamado a los padres de familia que si querían ver noticias que no las vieran en la presencia de los niños porque eran vulnerables. Igualmente escuchamos que aumentaron los casos de suicidios, depresión y ansiedad.

En mi caso tenía días en los que amanecía muy optimista y otros que me inundaba la angustia. Incluso hubo días en que los radioescuchas me mandaron mensajes de -¿Te sientes bien? Se te escucha la voz triste. Era algo que no podía controlar, fueron días en los que me podía despertar súper contenta y planeando un día de trabajo, yoga, relajación, familia, casita, Netflix y pasado el medio día mi energía bajaba tanto que terminaba acostándome llorando al dormir. El miedo se apoderaba de mi en cualquier momento y en cualquier circunstancia porque el tema entre los amigos, compañeros de trabajo y con la gente en general era que era "un virus que puede matarnos". Era como el "Apocalipsis", por ejemplo, un día que quise tener una tarde de "relajación" decidí ir a hacerme el manicure, y Tracy la chica que me hacía las unas también quiso hablar de eso y tuve que decirle que tenía que tomar una llamada para evitar platicar sobre el tema. De hecho, me vi en la necesidad de silenciar a ciertas personas en mis redes sociales porque todos los días publicaban una nota amarillista y fatalista que realmente dije -No es necesario ver

ALMA GARCÍA

estas cosas, ¡ahorita no! Confieso que tengo años sin televisión convencional así que desde hace mucho dejé de ver o escuchar noticias porque soy de las que piensa que lo que entra por tus ojos llega al corazón y muchas veces me dormía angustiada por algún suceso en el mundo que no era favorable o que estaba dañando a las personas. Sin embargo, todo esto del virus me hizo pensar que tenía que buscar esas fuentes de información verídica no solo para mí y mi familia sino también para poder informar en la radio pero de forma más objetiva y eso me ayudó mucho a sobrellevar el miedo al "virus asesino". Me encontré con noticias que favorecían y apoyaban a la comunidad en estos tiempos así que mi enfoque fue ese, buscar los recursos económicos y emocionales y al mismo tiempo seguía enterada de la situación.

El miedo se presenta cuando no estamos informados de algo, cuando no tenemos el control, y no niego que tenía miedo. Sin embargo, me dediqué a buscar la información sobre este virus para poder saber qué hacer y cómo evitarlo lo más que pudiera. Además pude ver cómo el miedo se transformaba en solidaridad… y de eso hablaremos en otro capítulo pero por ahora escribe todos esos momento de miedo que tuviste al inicio de la pandemia o aquellos que aún sigues teniendo. Escribir en papel tus emociones te hace más objetivo y así entender desde otra perspectiva de dónde nacen tus miedos…

ALMA GARCÍA

Este espacio es para ti.

En la próxima pagina encontraras técnicas que te ayuden a superar el miedo, ve uno por uno, y no creas que es magia, esto implica dedicación y trabajo.

¡VAS CON TODO!

¡TU PUEDES SUPERAR LOS MIEDOS!

ALMA GARCÍA

A Continuación encontraras técnicas que te ayudarán a superar el miedo, lee uno por uno, y no creas que es magia, esto es un ejercicio de dedicación y trabajo.

¡VAS CON TODO! ¡TU PUEDES SUPERAR LOS MIEDOS!

1. **Convive con el miedo,** identifícalo, siéntelo, escúchalo, qué te dice, qué provoca en ti en esos momentos. El miedo no es una manchita que puedes borrar y decir no pasa nada, ¡gestiónala y dale pa'lante!

2. **Habla de lo que sientes,** lo más normal que puedas, compartir tus miedos hace que otros sientan la confianza de compartir los suyos y de esa manera entender que todos de alguna u otra forma los tenemos y esto te traerá tranquilidad y seguridad. Además sentirás el apoyo de los demás.

3. **Aprende técnicas relajación,** la meditación es una muy buena técnica para relajarte, si eres religioso te ayudará mucho ponerte a orar, el ejercicio es una gran herramienta de relajación, encuentra actividades que te gustan y utilízalas a tu favor.

4. **Visualizar,** imaginando una situación, es un pensamiento que involucra los sentidos, visión, auditiva, olfato y gusto, incluso las sensaciones kinestésicas (movimiento, posición y tacto) y esta funciona porque tu cerebro no diferencia lo que es real o lo que es imaginario.
¿No me crees?
cierra los ojos y visualiza un limón, córtalo, abre tu boca, cierra los ojos y vierte en tu boca todo el jugo de ese limón … te aseguro que no he terminado de decirte que hacer y ya "se te hizo agua la boca"… y no era un limón real, ¿entendiste el concepto de visualizar? utilízalo a tu favor.

5. **Entrena tu positivismo,** si siempre te has manejado viendo la vida desde la negatividad, trabaja para que esto cambie, un día a la vez enfocándote y diciendo lo positivo que viviste en el día.

ALMA GARCÍA

Asi que RECUERDA...

El miedo es superable, si así lo deseas y te enfocas mas en la emoción de que aprenderás algo nuevo superando ese obstáculo.

stay home

"Cuando conoces
LA LIBERTAD
No toleras
EL ENCIERRO"

Quedate en casa...

El 19 de marzo del 2020

A las 12:30pm me disponía a ir a una cita cuando recibo una notificación en mi teléfono donde el Gobernador de California, Gavin Newsom anunciaba toque de queda en California. La orden daba efecto a la media noche y solo podíamos salir para lo esencial. Cuando escuché la palabra "toque de queda" me asusté, pensé como si estuviéramos en una guerra, me hice mil preguntas en segundos, pero rápidamente avisé al trabajo para que lo anunciaran en la radio. Después mandé un mensaje a mi familia y les dije que mantuvieran la calma, pero que a media noche era efectivo el "toque de queda" en California. Y eso dio inicio al famoso "Quédate en casa" que por lo menos en California, no tenía fecha de vencimiento como en otros estados. El gobernador dijo "hasta nuevo aviso" y así se cerraron muchos lugares (No esenciales) haciendo que muchas personas se quedaron sin trabajo. Para este tiempo los niños llevaban 4 días sin ir a la escuela, así que el confinamiento se hizo más real y podía percibir en las redes sociales las diferentes reacciones ante tal evento. La gran mayoría sentía frustración de no poder hacer las actividades a las que estaban acostumbrados, el no saber qué hacer con los niños en casa. Otros tantos aún no veían la magnitud del problema de "quedarse en casa" por un lado pensaban "qué padre, ahora si voy a poder hacer las cosas que antes no hacia" por falta de tiempo, con la esperanza que esto no duraría mucho. Sin embargo, también vimos que la campaña de "Quédate en casa" no era lo mejor para todos porque muchos viven "al día" lo cual significaba un golpe a su economía familiar, y eso se veía en las redes sociales. Comentarios como: no me puedo quedar en casa. Si me quedo en casa mi familia no come. Si me quedo en casa no pago las cuentas y me quedaré "sin casa", fue realmente muy difícil para muchos. Y aquí es donde analizo y pongo otra perspectiva al "confinamiento" y cómo vivirlo positivamente… Cuántas veces escuchaste uno los siguientes consejos…

ALMA GARCÍA

1. **"Quédate en casa"** puede salvar vidas. Cuanto menos sales, menos son las posibilidades de contraer el virus y de infectar a tus amigos y familiares.

2. **"No te obsesiones"** con el tema. Ve noticias lo menos que puedas y habla de ello con los amigos y la familia.

3. **"No te aísles"** Estar en casa no implica que te aísles, puedes utilizar la tecnología en tu favor utilizando video llamadas con tus seres queridos.

4. **" Aprovecha el tiempo"** ahora que lo tienes, Hacer ese proyecto en la casa que tanto querías y que postergabas por "la falta de tiempo".

5. **"Pide ayuda"** si crees que este confinamiento no te esta favoreciendo sino afectando emocionalmente. Acércate a tu familia y amigos. Habla de lo que sientes.

6. **"Mantener horarios"** No puedes andar en pijama todo el día sin bañarte y comer a la hora que sea como si no hubiese un tiempo, especialmente si hay niños pequeños en casa.

7. **"Haz ejercicio"** el ejercicio ayuda a mantenerte ocupado y a no preocuparte.

ALMA GARCÍA

LO QUE NOS DEJÓ EL 2020

Ahora, el momento de la verdad.....

Que hiciste tu con el tiempo de confinamiento, escribelo aqui.

Asi que recuerda...

no es lo que nos sucede, si no cómo reaccionamos ante lo que nos sucede.

ALMA GARCÍA

SOLIDARIDAD

No te preocupes por la cosecha , preocúpate
por lo que vas a sembrar.

Solidaridad...

El 22 de Abril del 2020

En la tarde del 22 de Abril recibo la llamada de una gran amiga que tiene una organización no lucrativa para invitarme a apoyar en la repartición de despensas para los más necesitados, a lo que dije que si. Significaba comprometerme a 8 semanas, pero quería ser un instrumento de ayuda en esos momentos en la comunidad que sabía que no podía recibir el cheque de estímulo que mandaría el gobierno federal (Hasta $1200 dólares) por la falta de "papeles" (residencia permanente) pero dije por lo menos que la gente que se quedó sin trabajo no se quede sin comer. Después de este llamado recibo otro, que sería en otra ciudad con otra organización haciendo lo mismo, repartiendo despensas. Me había saturado de trabajo voluntario, pero sabía que había mucha necesidad en mi comunidad. Sin embargo, lo más lindo es que empecé a ver cómo la gente se unía y usaba las redes sociales para dar ayuda a los que más lo necesitaban. Aquello despertó la solidaridad en la comunidad, y mi espíritu se llenó de alegría porque dejamos un poco de lado el miedo y poníamos por delante las necesidades de los demás. Llegué a ver cómo gente le pedía a sus amigos con negocios que pusieran sus negocios en su muro de Facebook para que la gente los conociera y de esa forma pudieran tener más negocio. Había gente que dejaba afuera de sus casas productos de primera necesidad para que la gente pasara a recoger lo que necesitara. Una radioescucha me llegó a ofrecer $500 dólares para repartir entre la gente que más lo necesitara. Cuando leí su mensaje se me rasgaron los ojos porque sé que es una mujer que no tiene una vida fácil, sin embargo estaba dispuesta ayudar a la comunidad, fueron unos días en los que mis redes sociales y los famosos algoritmos conspiraban para que estuviéramos más unidos y se viera la compasión y la solidaridad. En ese momento me di cuenta que todos tenemos "eso" en el corazón aunque no siempre lo hacemos presente y no siempre lo ponemos en servicio de los demás. Como esos ejemplos había más, que me hacían tener esperanza y me ponían a pensar, -¿será que este virus tenía que llegar para despertar a los seres humanos? -¿Será el virus una bendición?

ALMA GARCÍA

Mi pregunta para ti lector es: ¿despertó en ti el sentimiento de solidaridad? ¿Hiciste la diferencia en la vida de alguien? O, ¿fuiste de los afortunados que recibieron ayuda de alguien, conocido o desconocido? De cualquier manera creo que no importa la situación en la que nos encontremos, la solidaridad debería de ser algo que esta en tu vida personal y familiar porque creo que de esa manera impactamos la vida de otros, pero aún más importante en tu vida. Haces que tu vida tenga aún más sentido, dejarás un legado que si bien no saldrás en los periódicos ni en las noticias, sí es algo con lo que te vas a ir de este mundo muy satisfecho de haberlo hecho.

Si aún no has implementado la solidaridad en tu vida, te invito a leer lo siguiente…

En la siguiente pagina, comparto diferentes formas de fomentar en ti y en los que te rodean esta gran virtud de la solidaridad que al final se puede convertir en tu objetivo de vida y una de tus prioridades, siendo así no solo beneficiosa para los demás si no también para ti.

1.OFRECE TU TIEMPO Seguramente donde vives existen organizaciones que necesitan de tu tiempo como voluntario. Por ejemplo, asilos de ancianos, refugios para indigentes, lugares de adopción de animales, en fin cualquiera que sea la organización a la que aportes tu tiempo será gratificante.

2. DONACIÓN DE OBJETOS quizá estés haciendo la limpieza de tu casa, no tires lo que ya no necesites. Quizá hay personas que sean menos afortunadas que tú que agradecerían tus donativos. De hecho, hay organizaciones que con tus donativos financian proyectos y actividades en comunidades menos afortunadas, y cabe mencionarlo muchas te dan recibo para tus impuestos. En fin, tu "basura puede ser es el tesoro de otro".

3. DONACIÓN ECONÓMICA busca en internet organizaciones que apoyen causas que sean de tu interés. Por ejemplo, niños con cáncer, gente con leucemia, hay organizaciones mundiales que se dedican a diferentes causas y quizá no tengas mucho presupuesto para hacer esto pero sí piénsalo como ir creciendo tu banco de "darma" (yo lo llamo Karma del bueno) y esto se te devolverá de una u otra manera.

4. ORGANIZA UN EVENTO BENÉFICO tú sabes las necesidades de tu colonia, de tus amigos y vecinos, puedes organizarle a tus amigos y familiares y juntar objetos que puedan vender un fin de semana afuera de tu casa y todo lo recaudado se destinará a un acto benéfico. O, puedes organizar una fiesta donde cobres la entrada y hacer lo mismo con el dinero que se junte.

5. DA EL EJEMPLO si eres padre de familia enséñales a tus hijos la importancia de compartir y ayudar a los menos afortunados, hazlos partícipes en eventos benéficos para que se den cuenta de la necesidad que existe y que ellos pueden hacer la diferencia en la vida de los demás.

Asi que recuerda... No todos nacen con el sentimiento de solidaridad, pero puede ser una virtud aprendida si asi lo deseas.
Te invito a que compartas con tus amigos y familiares esta lista y los inspires a hacer lo mismo, para crear una Cadena de Milagros mas grande!

ALMA GARCÍA

TU NO ERES TU TRABAJO

El Trabajo...

Muchos fueron enviados a "descansar" de sus trabajos, otros empezaron a trabajar medio tiempo y otros tantos terminaron trabajando desde casa hasta que esto pasara. En esos momentos pensábamos que esto sería temporal, yo seguía trabajando, y nos pidieron cargar en el automóvil una carta que se nos proporcionó por parte del corporativo "por si nos paraba un oficial de policía", (y no te miento que traté a esa hojita como si fuera el testamento de mis hijas, ¡no podía perderla!). Teníamos que mostrarla pues como medios de comunicación somos clasificados como "trabajo esencial", y bueno al cabo de unas semanas se empezaba a ver la desesperación de las personas porque "sin trabajo, no hay dinero" y las cuentas no esperan. Viví muy de cerca esta situación pues a mi padre lo habían puesto a "descansar" del trabajo. Cerraron el lugar por no ser 'esencial", lo que llevó a mis padres a tomar la decisión de irse a vivir con mi hermana y de esa forma compartirían los gastos. Y así como ellos, mucha gente se vio en la necesidad de hacer cambios drásticos, podía empatizar con la comunidad por lo que mi familia estaba pasando, y aun así me ponía a pensar qué se puede hacer en estos casos. Hablamos de "casi todo el mundo", literal, que se encontraba sin trabajo, y la ayuda del desempleo (en los Estados Unidos) era solo para los residentes y ciudadanos, lo cual dejaba a la gran mayoría de latinos desamparados y con la esperanza que tuvieran sus "ahorritos" para sobrevivir quién sabe por cuánto tiempo. Y en casos como este, una crisis mundial, o en cual caso en el que "pierdas" el trabajo, piénsalo como un "milagro disfrazado".

ALMA GARCÍA

TÚ NO ERES TU TRABAJO

Para ti que todavía tienes trabajo…

No dejes que el "puesto" te robe la identidad, mantente siempre con criterio. No creas que eres más o menos por el título que hay en puerta o tu escritorio. Eres un profesional con ciertas obligaciones y expectativas determinadas, por lo que tu puesto "espera de ti", esfuérzate en crecer. Haz crecer a tu puesto aportándole mucho valor, pero recordando que todo es temporal, si te gusta tu trabajo harás todo lo requerido con el puesto y más, pero eso no te "garantiza" el puesto para toda la vida.

Para ti que has perdido el trabajo

Recuerda que cuando pierdes un trabajo no significa que perdiste tu valor o que has fracasado. Por encima de cualquier empresa, trabajo o crisis, tú tienes muchas cualidades, más conocimientos de los que tenías antes de haber entrado a esa empresa. Date la oportunidad de encontrar ese trabajo que tanto anhelas, este es TU MOMENTO.

Te invito a que imagines qué harías HOY si perdieras el trabajo. ¿Qué te queda? ¿Eras feliz trabajando ahí? ¿Trabajabas solo por el cheque, por el estatus que te proporciona ese empleo? ¿Trabajas ahí por cumplir las expectativas de los demás?

ALMA GARCÍA

Aquí te dejo un espacio para recordar que es eso que querías hacer de grande? Cuál es ese trabajo con el que tanto sueñas? Siempre tienes la opción de buscar ese trabajo, que ademas de que te guste te reditúe económicamente.

Ahora que ya fuiste sincero , empieza a ver cómo vas a hacerle para poder obtener ese trabajo,

Y MANOS A LA OBRA! TU PUEDES!

ALMA GARCÍA

el dinero

PROBLEMAS

PROSPERIDAD

GANATELIO

POBRE PERO HONRADO

MALA PERSONA

INFELIZ

ABUNDANCIA

AVARO

SIN DINERO
PERO FELIZ

El Dinero

Como lo mencioné en el capítulo anterior, la pandemia vino hacer estragos en la economía de todos, pues fue un evento que no nos esperábamos y que dejó a muchas familias sin trabajo, sin ingresos, y muchos no estábamos preparados para un "paro económico" de tantos meses. Y cuando digo que no estábamos preparados lo digo por empatizar porque en un momento de mi vida no tenía una buena relación con el dinero. Yo era de las que decía "el dinero va y viene", y sí, efectivamente el dinero llegaba a mi vida y se iba, hasta que me hice consciente de esta situación, y fue como un balde de agua fría porque no sabía a "donde se iba mi dinero". Y fue cuando visité a mi coach personal y mentora, mi hermana, quien me dijo que primero tendría que reconocer cuál era mi relación con el dinero, y de ahí partimos. Después de reconocerlo empecé a trabajar para cambiar mis creencias y paradigmas que tenía con el dinero, y fue así cómo por primera vez en toda mi vida llegué a tener dinero en mi cuenta de ahorros. Sí, así como lo oyes, no tenía ahorros, y comparto esto porque con este suceso mundial, pude ver que muchos de mis conocidos estaban igual o peor que yo en cuanto a su relación con el dinero. Y obviamente no estaban preparados para esto, además no tenía la oportunidad de pedir desempleo o ayuda del gobierno, así que si me lo permites quiero compartir contigo las creencias limitantes sobre el dinero y qué hacer en casos de una "emergencia" para no sufrir estragos económicos.

CREENCIAS LIMITANTES SOBRE EL DINERO

1.Si tienes dinero lo conseguiste de mala manera. Muchas veces relacionamos el tener dinero con actividades ilícitas, y no siempre es así.

2.El dinero es solo para gente rica. Si bien esto puede ser cierto, pues dinero llama dinero, también te digo que hay muchos casos de gente que inicio su fortuna de la nada.

3.El dinero solo trae problemas. Esto solo te hace no arriesgarte y vivir en la victimización, el dinero trae consigo más responsabilidades.

4.Para qué quieres "tanto" dinero. Esto tiene que ver con una creencia de merecimiento, querer más dinero no te hace avaro.

5.Gánatelo con el sudor de tu frente. Con esta creencia crees que si no trabajas duro no te mereces el dinero.

6.Pobre pero honrado. Es decir, que si llegas a tener dinero lo vas a rechazar porque eso te hace mala persona.

7.El dinero no da la felicidad. Aguas con esta porque puedes caer en una trampa.

8. Pobre nací, y pobre moriré. Esto más que una creencia lo llamaría un decreto, y ya sabes lo que pienso de estos, ¡se manifiestan!

Pueden haber muchas mas creencias limitantes acerca del dinero, pero espero que hoy empieces a reconocer que eres merecedor de la riqueza y la abundancia que hay en el universo, puedes ir poco a poco cambiando tu relación con el dinero , y algo que e aprendi con mi coach Lili, es que le des un sentido a tu dinero, para que estas trabajando? para pagar cuentas? para invertirlo? para ahorrar para unas vacaciones de lujo? para la compra de tu casa? darle sentido a nuestro dinero cambia la manera en la que lo manejamos, que lo trates con respeto, cuantas veces ves "el cambio" como si no fuera importante, si crees que todo el dinero es importante desde un centavo hasta cien dólares, le das valor a tu dinero, cuando ahorres ahorra dos veces la primera con un propósito (vacaciones, colegios, casa, etc)   y la segunda para tener el dinero suficiente para poder vivir y pagar tus cuentas sin ningún problema , por por lo menos 6 meses, si hacemos esto cualquier "emergencia" no nos va a tomar por sorpresa.

QUE TE PUEDE AYUDAR

1.Hacer presupuesto.
2.Registrar tus gastos.
3.Gasta menos de lo que ganas.

"NUNCA GASTES EL DINERO, ANTES DE TENERLO"

ALMA GARCÍA

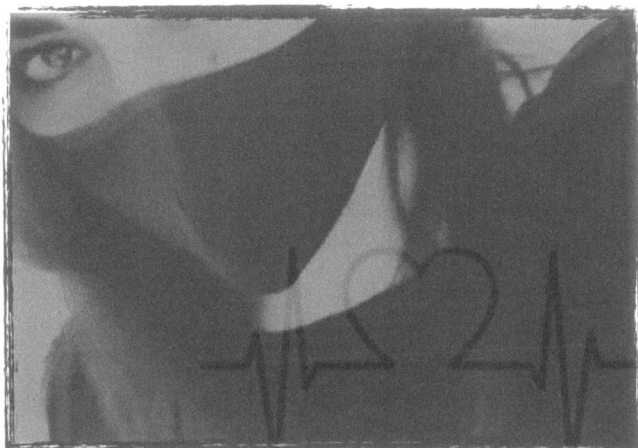

"la salud no se valora hasta que llega la enfermedad"

LA SALUD

A todos nos llegó la preocupación, de llegar a estar infectados del virus, o peor aún que algún familiar o ser querido se fuera a infectar. Otros tantos no creían y aún no creen que el virus sea mortal. De hecho, no sé si supiste de las famosas "fiestas covid" que se estaban llevando acabo entre los jóvenes universitarios, con la finalidad de quedar infectados y de esa manera hacerse inmunes al virus lo más pronto posible. Sí, aunque no lo creas estas fiestas existieron y se llevaron a cabo, muchas con casos de gente que lamentablemente falleció, también comenzamos a ver casos de gente famosa (artistas, cantantes) que habían salido positivos con el virus, pero lo más triste fue ver amigos y conocidos que lo estaban viviendo personalmente o sus familiares. Fui testigo de un muy buen amigo que estuvo muy enfermo y nos mantenía informados de su salud a través de las redes sociales, y su papá también se contagio pero tristemente él falleció. Una de mis radioescuchas sufrió del virus y contó su historia en la radio. Y todos los que han pasado por esto invitan a la gente a cuidarse, a seguir con las debidas precauciones.

Y hablando con especialistas y médicos acerca de cómo cuidar la salud, todos estaban de acuerdo con lo siguiente y que espero que no solo en tiempo de pandemia sino todo el tiempo lo lleves a cabo, recuerda que sin la salud no haces nada.

ALMA GARCÍA

Cómo mantener una buena salud

Actividades físicas

1.Hacer actividades físicas constantes y realizar por lo menos tres sesiones por semana, sea de la actividad que sea. Realiza la actividad que más te guste y disfrutes hacer.

2. Descansar es importante y que durmamos entre siete u ocho horas diarias para que nuestro organismo esté en perfectas condiciones. Los expertos dicen que el sueño da la oportunidad a tus órganos de limpiarse y estar listos para el siguiente día.

3. Tener una buena alimentación. Ya sabes "come frutas y verduras" comer 5 veces al día en porciones pequeñas y cuidando las grasas y el azúcar.

4.El agua es fundamental para que todos tus órganos funcionen en perfectas condiciones. Lo recomendable son 2 litros al día, y por supuesto evita los refrescos o jugos.

Mental

Los mismos de arriba, pero además…

5.Gestiona tus preocupaciones y pensamientos negativos.

6. Mantén tu círculo de amigos y familiares cerca, comunícate con ellos periódicamente, no te aísles.

CAOS

"El caos es un estado
de desarmonía
que precede a un
nuevo orden"

EL CAOS
25 de mayo

La muerte del afroamericano George Floyd fue noticia mundial, un hombre que fue asfixiado con la rodilla de un oficial de policía por más de 8 minutos, un evento que fue viralizado mundialmente en las redes sociales, las noticias, la radio y televisión. El suceso fue repudiado por muchos y que llevó a protestas en contra del racismo y la discriminación y esto a su vez trajo el CAOS.

Algo que me queda claro es que aunque el CAOS ciertamente trae tempestades, desorden y confusión, también te permite ver la vida desde la unión y la compasión. Cuando pensamos en la palabra caos nos asustamos, lo vemos como el fin del mundo y ciertas imágenes que pudimos ver a través de las redes sociales y/o en las noticias eran devastadoras y poco esperanzadoras. Yo por lo menos decía "¿en dónde va a terminar todo esto? ¿Por qué esta pasando tanto en tan poco tiempo?" Ver a tantos negocios de amigos afectados por las protestas, me parecía inaudito y decía: tienen derecho a protestar, por supuesto que sí, pero no a dañar a otras personas. No tiene sentido pedir respeto cuando no lo dan, y por la falta de seguridad el gobernador tuvo que pedir ayuda de la guardia nacional. Es decir, militares resguardando las calles (el cual tuvo que ser de miedo), y aún así siguieron las protestas, pero me gustaría enfocarnos en lo positivo del caos. Aunque puede llegar a tu vida en cualquier momento, puedes verlo desde otra perspectiva y no como algo malo y dantesco, ¿te late?

Cuando veamos EL CAOS como el instrumento de evolución personal será más fácil lidiar con ello porque esos momentos nos pueden paralizar y no avanzamos, y podemos avanzar por gusto o por imposición como en este caso la pandemia nos aventó muchos cambios de un sopetón. Sin embargo, tú decides si tomas estas lecciones como dolores de cabeza o disfrutas de lo que el "caos" tiene preparado para ti y tu futuro. La vida tiene sus ciclos, los que nos llevan a esa transformación que se necesita para evolucionar. Aprender que el caos nos hace ver la evolución, el racismo nos hace reconocer a una sola humanidad, la discriminación nos hace ver la igualdad, el reto es no rehusarse al cambio y pensando que esto será solo un recuerdo en el futuro.

ALMA GARCÍA

¿Cómo afrontar al caos?

1. Entender lo que estas viviendo.

2. Piensa y analiza qué puedes hacer para salir de la situación. Encuentra tus habilidades y recursos que puedan apoyarte en esos momentos.

3. Poner acción, que no te paralice el miedo.

4. Paciencia, habrá cosas que estén en tus manos para resolver y otras que tendrás que dejar en manos de Dios, el universo o en quien tú creas porque no están en tu poder de cambiarlas.

5. Constancia, no pares hasta haber conseguido tu objetivo.

Así que recuerda, ¡no evites el caos, afróntalo!

ALMA GARCÍA

"EL QUE DIRAN"

EL QUE VIVE DEL QUE DIRAN , NO VIVE !

"EL QUÉ DIRÁN"

Y seguimos en estado de "Quédate en casa" y pues se supone que no deberíamos de reunirnos con familiares y amigos. No debemos salir a lugares públicos, mantener el distanciamiento social, y la gente a través de las redes sociales se encargaba de apuñar el dedo acusador cuando veían una publicación de alguien reunido con su familia o sus amigos. De hecho, hablando con una amiga ella me dijo que extrañaba a su mamá que tenía mucho de no verla y que se venía su cumpleaños y que quería ir a verla, pero que no iba a poner publicación de su visita porque "la gente le iba a decir de cosas". Incluso llegué a ver publicaciones de amigos que "justificaban" las visitas a sus padres poniendo que "tomaron las medidas necesarias" y yo me puse a pensar en todos esos casos de amigos cercanos en los que sus familiares fueron contagiados del virus y los cuales perdieron la batalla y fallecieron y no los visitaron por "el que dirán" y se quedaron con las ganas de decirles cuánto los querían... ¿no te parece que en estos casos "cada quien" debería de decidir? Yo creo que sí, personalmente nunca dejé de visitar a mis padres con la idea de que pase lo que pase quiero estar presente en sus vidas y decirles que los amo. Y al final la gente que hable, yo estaba tranquila pensando que hoy más que nunca la opinión de los demás no debería de importar, y eso no significa que no me importa su salud o que con eso los ponía en riesgo.

ALMA GARCÍA

Y lo hablamos en familia, incluso en una ocasión estuve expuesta a alguien que contrajo el virus y tuve que hacerme la prueba y mientras recibía mis resultados solo hablaba con ellos por teléfono.

Pero sin duda alguna, puedo decir que esta pandemia llegó a reforzar, "el que dirán", porque a pesar de que se nos ha dicho que:

"No vives del que dirán".

"La gente siempre habla, porque tiene boca".

"Aléjate del qué dirán".

"No importa lo que los demás piensen de ti, lo que importa es lo que tu piensas de ti".

Seguimos dándole mucha importancia a lo que los demás tienen que opinar de cómo nos manejamos, ¿acaso no estás cansado de complacer a los demás? ¿No te has cansado de quedar bien con la gente a pesar de lo que quieres hacer o decir?

LO QUE NOS DEJÓ EL 2020

Te invito a escribir en esta pagina cuantas cosas has dejado de hacer o decir solo por el miedo al que dirán, a ser rechazado y no "encajar".

Si después de darte cuenta que todo el tiempo "eres" lo que los demás esperan de ti y te has olvidado de ser tu mismo, te comparto puntos que pueden ayudarte a afrontar el miedo al que dirán.

ALMA GARCÍA

Claves para afrontar el miedo al qué dirán

1.Deja de aparentar. No puedes callar eternamente tus pensamientos y deseos por aparentar y evitar el rechazo de los demás, esto puede incluir a tu pareja, amigos y familia.

2.Es imposible gustarle a todo el mundo. Cada quien tiene su personalidad, creencias y esto muchas veces no encaja con los demás. Define bien tus criterios, posición y mantente firme en tus valores y defiéndelos.

3. Acepta la opinión de los demás. Si lo que quieres es tener la libertad de expresar tu opinión debes saber que esto es un camino de ida y vuelta, dar para recibir. Y piensa que muchas veces puedes aprender de las opiniones de los demás y muchas veces solo las vas a escuchar.

4. Defiende tu posición. Habrá gente que quiera imponer sus ideas sobre ti con sus propias normas, ideales y creencias. ¡NO LO PERMITAS!

5. Actúa según tus principios. Haz siempre lo que te haga feliz, no apagues tu voz frente a la de los demás, porque llegara el día en que ni siquiera te escuches a ti mismo.

Así que recuerda, reclama tu derecho de voz, opinión de ser y actuar.

ALMA GARCÍA

Lo mejor

por

esta

Venir

LA ESPERANZA

Dicen que la esperanza es lo último que se pierde, así que con todo lo que estábamos pasando sentíamos que todo era negativo. Eran momentos aterradores donde no veíamos la luz al final del túnel, pero también en esos momentos tenemos que hacerles frente y siempre lo digo: "lo mejor esta por venir". No importa lo que esté pasando, lo que nos haya pasado, lo que hayamos hecho o nos hayan hecho, siempre hay que ver el lado positivo de las cosas. Esa es una de las razones por las que ahora escribo este libro, porque con optimismo y esperanza conseguimos vivir en plenitud. Las personas que viven con esperanza toman las oportunidades, saben que lo que pase en la vida es parte de su transformación. No culpes a nadie, no esperes a que las cosas sucedan. Haz que sucedan, podemos asociar la esperanza con la religión y si eres religioso habrás escuchado algo así:

"La fe es la certeza de lo que se espera y la convicción de lo que no se ve" (hebreos 11 Nuevo Testamento) por lo que creer es la base de la esperanza y ambas son el sustento de la fe.

Qué hacer para no perder la esperanza

1.Sé fuerte. Aunque la vida a veces nos tire al suelo y las cosas no nos favorezcan, recuerda que siempre hay algo que aprender que enriquezcan tu camino, mantente fuerte y haz de la vida un aprendizaje no una desgracia.

2.Vuelve a donde eras feliz. Los recuerdos felices, el lugar donde sientes paz, tu familia, amigos… vuelve ahí donde eres tu mismo y comienza nuevamente.

3. Lo que pasa, pasará. Hay circunstancias que sobrepasan nuestras fuerzas y que pensamos que jamás las superaremos. La vida nos puede mostrar su lado más oscuro, pero también tiene momentos maravillosos.

4. No pierdas la fe. Piensa en que puedes superar todas las adversidades. La fe es algo que te guía cada amanecer y te mantiene de pie en momentos difíciles.

Y si tienes opciones, siempre hay opciones.

1.Hundirte en la desesperanza, pensar negativo, flagelarte con todo lo que hiciste mal, pensar que nada va a cambiar solo obtendrás autodestrucción, desánimo que te terminará afectando emocional y físicamente.

2.Aceptar lo que esta sucediendo, reflexionar y ver soluciones que pueden cambiar tu situación, obteniendo así la esperanza de que todo es posible, que puedes conseguir lo que quieres, ¡que sí se puede!

ALMA GARCÍA

Así que tú decides… HOY hazte una promesa de jamás perder la esperanza.

YO:_____me

prometo desde HOY_____/_____/_____

que nunca perderé la fe en mi y la

esperanza que todo estará mejor.

Fírmalo cuando te sientas comprometido porque no será fácil cumplir esta promesa porque la vida te dará lecciones constantemente y no todas serán agradables. Sin embargo, después de cada una de estas verás en lo que te has convertido, UNA MEJOR PERSONA, más valiente, más confiado, más seguro de ti mismo, independiente y valiente.

TIEMPO

EL TIEMPO...

Esta pandemia pausó la vida de todo el mundo, y nos dio "tiempo" de pensar qué estamos haciendo con nuestra vida. No hay tiempo qué perder en rencores absurdos. Si hay algo o alguien que perdonar, hazlo y hazlo ya, no por ellos sino por ti. Perdonarlos no significa que vuelvas a tener una relación con ellos, no lo pierdas en relaciones que no suman a tu vida, esas relaciones vacías que solo son para "pasar el tiempo" "Para ir de fiesta", reconsidera quién está en tu círculo de amistades. Quiénes valen la pena quedarse y quiénes no. Los que decidas que no deben estar en tu vida no los veas como malas personas solo que no están vibrando en la misma energía. Déjalos ir y enfócate en estas relaciones que han hecho un cambio positivo en ti. No hay tiempo que perder para decir un te quiero o un te amo. No sabemos cuánto tiempo tenemos en esta vida, nadie te asegura un mañana. Deja a un lado el enojo, si tuviste una discusión o una diferencia con alguien al que amas, a pesar de las diferencias uno no deja de amar. Nunca te duermas sin antes decirlo, no pierdas el tiempo en un trabajo que no te hace feliz, trabajando donde no eres feliz solo porque "no hay de otra" te llevará a vivir infeliz y a tener un rendimiento deficiente. Ahora que tienes tiempo busca ese trabajo que quieres y que mereces, no hay tiempo para seguir dándoles a los demás el timón del barco de tu vida, deja de querer encajar, deja de querer quedar bien con la gente y empieza a pensar que tú tienes el poder de decidir qué hacer con tu vida, qué rumbo quieres tomar aunque esto implique que la gente se aleje de ti. No hay tiempo para decir "mañana". Hoy menos que nunca, vive como si no hubiera mañana, disfruta de tu vida de tu día, respetándote y dándote la prioridad. Este es el momento de ser egoísta y de pensar en ti porque la vida se va y siempre estuviste dándole prioridad a los demás y te dejaste en segundo lugar tus sueños. Ante esto, comparto lo que escribió Bronnie Ware, experta en cuidados paliativos y enfermos terminales, en su libro "Las 5 cosas de las que te

ALMA GARCÍA

arrepentirás antes de morir" donde nos cuenta lo que personas con enfermedades terminales dijeron de que hubieran querido hacer y no hacer antes de morir.

"Ojalá hubiera tenido el coraje de hacer lo que realmente quería hacer y no lo que otros esperaban que hiciera".

"Ojalá no hubiera trabajado tanto".

"No haber expresado mis sentimientos".

"No haber dedicado tiempo a los amigos".
"No haber sido más feliz".

" Mi principal mensaje es que todos vamos a morir, y que si en este momento nos arrepentimos de algo tratemos de solucionarlo ahora **"**

-Bronnie Ware

Te invito a hacer el simulacro de estar en tu lecho de muerte , acuéstate en tu cama , e imagina que estas a punto de morir, y pregúntate de que te arrepentirías, ahora escríbelo…

Después de esto ya no hay excusas eh?, ya sabes que es lo que quieres, ya no puedes ir por la vida echando culpas a nadie, invierte tu tiempo en lo que te haga feliz!

ALMA GARCÍA

NO PUEDES TENER EL CONTROL DE TODO RELAJATE

EL CONTROL

Hay personas que les gusta tener el control de las cosas, y cuando llegó el virus vino a descontrolado todo. Confieso que era de ese grupo de personas que quería tener todo bajo control. Me ponía nerviosa la incertidumbre, así que mientras más control tenía sobre las cosas, más seguridad sentía. Y con esto no quiero decir que planear, prepararte y ser responsable no sea positivo, pero querer tener todo bajo control es irse al extremo y te lleva a ser intolerante con los errores y por supuesto esto nos lleva a la frustración. Aún más importante es que te lleva a un nivel de ansiedad que termina lastimándonos más que beneficiarnos. Gracias a una situación difícil e inesperada me liberé de tener el control. Me di cuenta que no siempre lo tendré, y que lo mejor que puedo hacer soltar, que si tengo el poder de hacer algo lo hago y si no lo dejo en manos de Dios. Siempre digo : "Yo tranquila y que Dios se ponga nervioso" porque aprendí que hay cosas que están fuera de mi control. Si a ti esta pandemia te descontroló, deja de protestar y sufrir aferrándote a querer tener el control porque un suceso de la vida no te agrada o no favorece a tus planes. Tu ego es el que te dice que la vida debería de ser de cierto modo, pero te olvidas que a la vida no le importa tu ego, la vida sigue su curso sin tener encuentra lo que queremos.

Comparto las siguientes características de una persona controladora, esperando que si lo reconoces en ti, pongas manos a la obra y hagas el cambio que necesitas hacer, por ti, por tu tranquilidad mental…

Características de una persona controladora

1. Se preocupa constantemente.

2. Es ansioso e irritable.

3. Miedo a lo desconocido, inseguro.

4. Le cuesta disfrutar del momento.

Cómo liberarte de ser controlador

1. Identificar los focos de temor.

2. Actuar con espontaneidad.

3. Realizar actividades que por sí solas no tienen un valor y no hay un propósito. Dejar de lado la competencia y las expectativa de siempre salir triunfante.

4. Aceptación, aunque el ego se empeñe en decirte que las cosas deberían de ser de una forma concreta.

ALMA GARCÍA

5.Adaptación, a los posibles cambios de la vida.

Así que recuerda… querer tener todo controlado te descontrola. Es decir, flojito y cooperando.

GESTIONAR LAS EMOCIONES

Desde que supe sobre la existencia del virus que amenazaba a la humanidad, mis emociones fueron de alegría a tristeza, enojo, incertidumbre, y creo que hay mucha necesidad de aprender a cómo gestionar las emociones. No solo en situaciones como esta pero en general, aprender que todas las emociones son válidas y no hay unas buenas y otras malas. Esto lo aprendí hace poco y no sabes lo que hubiera dado porque alguien me lo hubiera dicho antes, muuuuuucho antes. Cuando era niña, era muy sentimental, y lloraba mucho, y mi mamá me decía "llorona" "¿ya vas a empezar?" "¿Por qué lloras?" así que fui creciendo creyendo que llorar no era permitido, por lo tanto ahora hasta me molestaba estar triste, me daba mi "cocowash" y decía todo

ALMA GARCÍA

esta bien. No llores no hay por qué llorar, ¿ves? ¿Ves lo que me pasó? Ahora de grande ya no estaba mi mamá para decírmelo, pero ahora era yo la que no me daba la oportunidad o el permiso de estar triste y llorar… Entender que las emociones son algo maravilloso que tenemos todos los seres humanos aparecen o se manifiestan para decirnos algo, y no solo las negamos pero en vez de reconocerlas y manejarlas, son las que nos manejan a nosotros. ¿Cuántas veces te has enojado con alguien que ni la debía ni la temía? O, ¿Cuántas veces lloraste sin razón aparente? Todo porque nadie nos enseñó que cuando no las gestionamos pueden manifestarse en nuestra salud, pues las emociones están íntimamente ligadas al cuerpo.

La buena noticia es que como todo lo aprendido, cuando ya no nos es necesario o ya no va con lo que pensamos, podemos desaprenderlo, solamente tienes que estar consiente y querer hacer el cambio. ¿Y cómo lo hacemos?

1.**Sentir la emoción,** cuando tengas una emoción. La que sea, observa desde afuera como si estuvieras viendo una película y tu fueras el protagonista, y es importante que no te juzgues, pregúntate cómo te sientes, observa y acuérdate que sea lo que sea que estas sintiendo esta bien. Después llama a esa emoción por su nombre y viéndola desde afuera recuerda que eso que sientes no eres tu, es solo lo que sientes en ese momento.

2. **Acepta la emoción**, pregúntate para qué esta ahí, qué de bueno trae esa emoción a tu vida. Aunque parezca increíble siempre detrás de una emoción hay otra oculta, que puede darte respuestas. El sentimiento de culpa te esta diciendo que has lastimado a alguien, aceptar y reconocer las emociones nos da la oportunidad de ver las cosas más positivas.

3. **Entiende la emoción,** qué fue lo que la provocó. Cuestiona, si estabas bien hace un minuto , ¿qué paso? ¿qué viste ? ¿qué escuchaste? Puede que te haya pasado un suceso en la mañana que te hizo sentir mal, y lo traes en la mente y en la tarde te encuentras con alguien que por lo más mínimo te hace sentir mal y ya no aguantas y explotas pero no era con la segunda persona sino con la primera. Así que cuando entiendes de dónde viene tomas responsabilidad y ya no reaccionas con nadie más sobre lo que viviste

ALMA GARCÍA

familia

LA FAMILIA... NO NECESARIAMENTE TIENEN QUE ESTAR JUNTOS, NI SER PERFECTOS PERO SABES QUE SIEMPRE PUEDES CONTAR CON ELLOS CUANDO LO NECESITES.

La pandemia llevó a las familias a convivir más tiempo de lo acostumbrado, compartiendo las actividades del hogar, académicas y de trabajo (en casa). Yo pienso que aunque este tiempo en familia fue casi casi forzado, realmente vino a fortalecer a muchas familias, trajo unión que tanto pedimos el fin de año a la hora de pedir los deseos a media noche,(este deseo esta en el Top 10 de deseos de fin de año)y hay un dicho "cuidado con lo que deseas porque se te puede cumplir". Y no es que sea algo malo estar en familia, lo que pasa es que no sabemos cómo convivir en familia 24/7, estamos tan acostumbrados a la vida personal que el tiempo que pasamos en familia es tan corto que en tiempo de confinamiento podemos enfrentarnos a retos psicológicos y emocionales que son resultados del cambio de rutina. Sin embargo, es una gran oportunidad para que las familias tengan reencuentros y se reconozcan. Hay más tiempo para hablar y no solo preguntar "cómo te fue en la escuela" "cómo te fue en el trabajo". Se vuelven un equipo donde las labores del hogar se comparten, pueden compartir todos en la mesa, la vida nos ha dado la oportunidad de convivir realmente como familia, y no solo como un deseo sino como una realidad, pero con o sin confinamiento hay ciertos puntos que podrían apoyarte a ti y a tu familia, todo desde el amor.

AMOR… hazlo todo con amor incondicional

Organiza. Que todos en la casa colaboren en el hogar, la limpieza, las comidas, recordar que son un equipo y que todos tienen que colaborar, esto no debería de ser responsabilidad de una sola persona.

Independencia. Respetar a cada miembro de la familia en su intimidad y su soledad, establecer los límites. Todos necesitan su espacio personal y se tiene que respetar.

Diálogo. Las diferencias se arreglan con diálogo, y habrá momentos en que sean diálogos familiares para poder llegar a acuerdos. El platicar en familia dando libertad de ser y expresar a cada uno de los miembros.

Acuerdos. Esto es fundamental para poder llevar una buena relación familiar, por ejemplo, si alguien esta molesto tener la oportunidad de decirlo y tomarse un tiempo hasta que el enojo se baje y terminar de

ALMA GARCÍA

hablar del asunto, comprometerse a hablarse bonito a no hacer burlas o faltas de respeto.

Compasión y empatía. Entender que todos son diferentes, ponerse en los zapatos del otro, hacer cosas por los demás miembros de la familia cuando se vea la necesidad de apoyo.

Así que recuerda, no hay familia perfecta, pero la que tienes es perfecta para ti.

Ahora, si eres de ese gran porcentaje que cada fin de año pide pasar más tiempo con la familia, te hago la pregunta del millón ,¿para qué quieres pasar más tiempo con ellos? Escríbelo y pon manos a la obra, hazlo ahora, no lo dejes para mañana, pues nadie te lo asegura.

LA NUEVA NORMALIDAD

"Un día nos dimos cuenta que lo que era normal era el problema, y que de esto tendríamos que volver , mas empáticos, solidarios, menos egoístas y más humanos"

LO QUE
NOS DEJÓ EL
2020

58

El virus ya esta aquí y hasta que se encuentre una vacuna estará presente en nuestras vidas, y tendremos que aprender nuevas formas de convivir. Los cambios han de ser permanentes para mantenernos en un nivel de contagio bajo, pero esto no nos asegura el no contagiarnos. Y ya conocemos los más básicos, distanciamiento social (6 pies) lavarte las manos constantemente y por supuesto la mascarilla y los cambios más importantes que vemos son la convivencia y la socialización que creo que ha sido la que más nos ha impactado a grandes y chicos, a ricos y a pobres. ¡A todos!

"HOMESCHOOL"

O "escuela virtual" y esto impacta a los hogares pues ahora tienes que acondicionar un espacio para esta actividad para que de ese modo tus hijos puedan cumplir con sus obligaciones educativas, creo que la educación no será lo mismo y los que más lo recienten son los niños que ya habían experimentado la escuela convencional pues no puedes quejarte o 'extrañar" algo que no conoces. Añado que ha de ser muy difícil para los padres que ya regresaron a trabajar y tienen pequeños en casa que tienen que hacer la escuela virtual, la preocupación de los padres de dejarlos solos y no saber si están asistiendo o no la las clases, de pensar si ya comieron o si no comieron etc.

TRABAJO DESDE CASA

Muchas empresas tomaron medidas pidiendo a sus empleados que trabajaran desde casa. Sin embargo, el impacto se verá cuando regresen a sus lugares de trabajo donde tiene que haber medias de cuidado, donde quizá tengan que turnarse para ir a la oficina porque no hay suficiente espacio para que todos mantengan una distancia de 6 pies, haciendo el trabajo la mitad en la oficina la mitad en la casa, y lo que ahora las empresas y empleados están forzados a nuevo uso de herramientas virtuales, que pueden ayudarlos a sobrepasar la crisis.

ALMA GARCÍA

LA SALUD

La valoramos aún mas y cambiamos hábitos de alimentación y actividades físicas. Hay una tendencia a cocinar en casa, por la economía, por el cierre de restaurantes. Una vez que todo vuelva a reabrirse habrá limitaciones en la cantidad de gente que pueda estar en un restaurante, pero creo que al ver el beneficio de los cambios en tu familia y persona por cocinar en casa harán que tus salidas sean cada vez menos. Además creo que nos hicimos más conscientes de qué es lo que comemos de dónde viene, si es o no orgánico y si beneficia a la familia o no. Y las actividades físicas fueron al aire libre, salir a caminar, a correr pues los gimnasios estaban cerrados creo que en este aspecto si quieres ver el lado bueno lo encuentras en tu bolsillo y salud física.

ENTRETENIMIENTO

Esto se transformó y seguirá transformándose, pasamos de ser consumistas a ser más consientes de lo que hace falta en estos momentos que es el socializar con amigos y familiares, utilizando cada vez más la tecnología para poder verlos y sentirnos más cerca de ellos. Empezamos a utilizar más la tecnología para poder entretenernos, ahí esta el famoso Tik Tok , Netflix, y todas las plataformas digitales que forman parte de nuestro "entretenimiento" pues todos los lugares para socializar estaban cerrados y esta era nuestra manera de pasar un tiempo con amigos y familiares.

Nos ha tocado ver y vivir un cambio. No te resistas, fluye, aprende a vivir y convivir con estas nuevas normalidades. Deja de pensar en el "antes podíamos hacer esto…" eso evitará que disfrutes de esta nueva aventura, de los cambios que has tenido personal y profesional. Deja de angustiarte por el pasado y preocuparte por el futuro, empieza a vivir y a disfrutar del aquí y el ahora.

ALMA GARCÍA

APRENDIZAJE

APRENDIZAJE...

Bien pues, ¿con qué te quedas de esa pandemia? La vida se trata de eso, de crecer, madurar y transformarte como ser humano y aprender a amarte y amar a los demás, y a la vida tal cual es. Crecimos con muchas creencias que limitan nuestras vidas, como creer que ser exitoso, ganar mucho dinero, agradar a las personas nos dará la felicidad. Además esta pandemia nos enseñó que nuestra existencia no es para comprar, poseer y "ser", ya nos dimos cuenta que la vida nos pone un alto y nos cambia la jugada de un día para otro.

 Nos dimos cuenta que hay algo más grande que nosotros y que lo que antes creíamos que era "primordial" realmente no lo es. Nos dimos cuenta que somos más fuertes de lo que creemos, dejando de lado al "víctima" (que todos traemos dentro) y hay que salir a la vida y darle con todo, con las herramientas que tenemos en estos momentos. Reconocimos que dábamos por sentado muchas situaciones que hoy extrañamos porque no teníamos el sentido del agradecimiento. Creíamos que nos lo merecíamos, descubrimos que la felicidad va mas allá de poseer, la felicidad es más el disfrutar de lo que se tiene en el aquí y en ahora. Ir por la vida agradeciendo por las bendiciones que se reciben en el día a día. Sonreírle a la vida porque a pesar de que lo que estamos viviendo no es lo más óptimo o lo que desearíamos, estamos vivos para poder tomar decisiones ante las dificultades, fluir ante las situación, sin resignarnos pero aceptando que hay cosas que no tenemos en control y haciendo frente. Comprendimos que no somos los únicos y que lo que hago puede afectar o beneficiar a otros, aprecio la empatía en nosotros, cuando nos vimos a todos en una pandemia mundial. Ahora bien esto no es para siempre, la pandemia puede terminar, lo que no debería de terminar es tu crecimiento y transformación de lo aprendido. Quédate con las enseñanzas porque si no aprendiste nada, las lecciones se volverán a repetir.

ALMA GARCÍA

Mi deseo es que esta pandemia haya dejado en ti:

Amor
Solidaridad
Empatía
Compasión
Fortaleza
Entendimiento
Libertad de ser
Conciencia
Crecimiento personal
Unión
Paz
Fe
Esperanza
Aprendizaje
Respeto
Tolerancia

LO QUE NOS DEJÓ EL 2020

63

Esta ultima hoja es para ti...

¿Con que te quedas?
¿Que aprendiste?
¿Que te deja el 2020?

ALMA GARCÍA

Quiero darte las ¡GRACIAS!

Gracias por tomarte el tiempo de leer este libro que hice con mucho cariño y con la única intención de compartir mis experiencias, esperando que en alguna de ellas encuentres apoyo para tu transformación.

Gracias por darme la oportunidad de acompañarte a travez de estas lineas.

Gracias sí lo compartes con alguien más y crees que puede ser de apoyo en momentos difíciles.

Te invito a que me mandes cualquier
pregunta o comentario a mi pagina
www.consejosdelalma.com me encantaría leerte y conocer
tu opinión.

www.ingramcontent.com/pod-product-compliance
Lightning Source LLC
LaVergne TN
LVHW010036070426
835513LV00005B/120